The MannerS Book

教えて！
保育者に求められる
100の常識
［第四版］

八田哲夫

中野商店

The MannerS Book

教えて！　保育者に求められる１００の常識［第四版］

はじめに

平成元年に社会に出た私は、幼児教育と三五年の日々を過ごさせて頂きました。そこで感じた結論は『幼児教育は世界最倖の職業である』ということです。

私なりに、左の五つの理由があげられます。(詳しくは『失敗しないリーダシップ論』にて)

一、どんな時代になっても未来永劫無くならない仕事である
二、全ての人に喜ばれる仕事である
三、成長と結果と貢献が比例している
四、感動がある
五、全員が夢を叶えた人

ただし、これらを実感するためには、大切になる「基本」が必要になります。それが、本書の100項目だと思っています。お陰様で、この本は改訂版を経て累計六万部を超え、シリーズでは八万部を超えることができました。本当に、ありがとうございます。

では、この本に書かれている100項目を、どのように理解し、実行して欲しいと願っているかを、改めてお伝えさせて頂きます。

①　基本を大切にして欲しい
基本を大切にするというのは、当たり前のことを当たり前にすることだと思います。

しかし、人によって「当たり前の基準」は違います。特に、初めて社会に出る方々は、その世代の当たり前があります。それを、この本で整えて頂ければと思います。
②　基本の基準をあげていく
基本を理解し身につけたら、さらにその基準・レベルをあげて欲しいと思います。

例えば、全員が正しい挨拶ができるようになったら、さらに、園全体で基準を設定し、一つひとつのレベルを高めて頂ければと思います。
③　基本を受け継いでいく
全員が身につけた基本も、人が入れ替わるたびに、一からやり直しでは意味がありません。人の入れ替わりがあっても、各園が大切にしている基本は、確実に受け継いで欲しいと思います。その時に、この本が一つの軸になれば、著者として大変嬉しく思います。

これらの事を踏まえて、基本を大切にしつつ、応用・発展へと活用して頂き、全ての職員が『この職業に就けて、そして、この園で働けて良かった』と実感してもらえるお手伝いができたらうれしく思います。

（※第三版と、本書第四版は、本文の１００項目は同じです）

【オンラインのマナー】

時代が大きく変わり、オンラインが日常の一部になりました。研修、保護者応対、採用面接等で、オンラインを活用している園が多くなったと思います。そこで、オンライン・コミュニケーションのマナーについて記させて頂きます。これらは決して新しいことではなく、今までのマナーの応用と考えてください。対面のコミュニケーション同様、オンラインでも良い印象が与えられる重要なポイントをいくつかお伝えします。

【主催・ホスト側のマナー（注意点）】

① 事前準備

主催者・ホスト側は、事前にルーム設定を行い、対象の方へ接続情報を送ります。この情報が届いているかの確認も必要になります。ここを丁寧に行ってください。

② 開始時間に余裕を持つ

オンラインはとても便利ですが、様々な接続トラブルもあり得ます。まず、開始時間に余裕を持つことや、予備の機器なども準備しておきましょう。

③ トラブル対応

考えられるトラブルを予測しておきましょう。声が聞こえない、画面が映らない、音声が途切れるなどのトラブルが起きる場合もありますが、予測しておけば準備ができます。

【主催時、及び参加時共通のマナー】

①環境設定

人に直接会う時も準備が八割と言われます。オンラインでも同じです。まずは、場所は適切か。可能なら、専用のスペースを設け、背景も相手に合わせて設定します。次に重要になるのがカメラと音声です。カメラの確認、部屋の明るさの調整や照明なども予め準備をします。音声は、専用マイクなどを準備し、事前にリハーサルをしておくと安心です。

②身だしなみ

オンラインでは、全身が見える訳ではありません。だからこそ、気を引き締め、身だしなみを整えます。更に、見える部分、特に表情は相手に最も情報が届くため、いつも以上に準備をしてから、オンラインに繋ぎます。また、カメラ目線も注意が必要です。決して難しく考える必要はありません。通常行なっていることを、オンラインに応用すれば良いのです。

③反応

オンラインは、全員が特等席（最前列）に座っています。主催時も、参加時も、常にそれを意識してください。オンラインの印象は、その後のコミュニケーションに影響を与えます。

基本は、人に直接会う時もオンラインでも同じです。本書に書かれている、基本を大切にしながら、応用して頂ければ幸いです。

目次

本書の活用法

●活用のための基本

一・本書は、一人一冊ずつ渡していただくことをおすすめします。

二・その日、読んだページには日付を記入してください。

三・「MEMO」スペースは、自分なりに気付いたこと、目標や課題、情報などを書き入れます。

●読み合わせの仕方

一・朝礼、終礼、職員会議にて、一～二項目を読み合わせる。

一日の始まりとして気持ちを切り替え、けじめを付けるためにも、朝礼は立って行ってく

ださい。各自の机でも、集合して朝礼をしている場合でも、立つことで短時間にテンポよく進行させることができます。
終礼の場合も、開始と終了の挨拶だけは立って行ってください。

二・読んだ感想を二人組になってディスカッションする。

その日読んだページについて、二人組になってディスカッション（討論）させます。時間は、一分ぐらいが望ましいでしょう。二人一組という単位をつくることで、より多くの職員に発言の機会を与えることができます。また組み合わせを変えることで、様々な相手の意見を聞くこともできます。

三・ディスカッションの結果を積極的に発表させる。

職員に発表させる方法はいくつかあります。
（一）順番に発表させる、（二）司会者が指名する、（三）発表者が次の職員を指名する、などです。
例えば、（一）であれば一日二名ずつ、順番に行っていきます。この場合のメリットは全員が話すことができる点です。一方で、順番以外の職員が緊張感を欠きやすいというデメリットもあります。(二)では、緊張感は生まれますが、発表の機会にバラつきが出やすいのが難点です。司会者のバランス能力が問われます。通常、主任もしくはリーダーが司会を務めるものですが、私は当番制にすることをおすすめします。(三)では、職員同士の「この人の意見を聞いてみたい」という発想も引き出すことができます。「違う学年の先生を指名する」などのルールを設けると、議論にさらなる広がりが生まれます。

四・最後にもう一度、全員で同じページを読み返す。
　これで、一日の読み合わせが終了です(合計5分程度)。

●新人職員における活用法

一・内定が決まった時点で一人に一冊ずつ渡す。
二・感想文を提出してもらう。
三・育成担当者が、各項目を説明した後、前述の「読み合わせ」を行う。
※項目によっては、実技を交えながらの実践練習が必須です。

●管理職・リーダー・研修担当者における活用法

一・各項目に、自分の経験に基づく意見を加えていく。
二・一つの項目に対し、一〇～三〇分程度の講義ができるようにする。
三・講義を行い、そこで得た気付きを次回に活かす。

これらの活用法は、あくまで一例です。各園の事情に合わせて、最も適した方法を設定してください。大切なことは、ただ一つ。**「継続しながら、工夫していく」**ということだけです。

第一章

幼稚園・保育園・こども園職員心得

何をするにも、まず心構えが重要です。
幼稚園・保育園・こども園で働く職員としての
自覚と誇りを常に持ちましょう。

幼児教育は世界で最幸(高)の仕事

夢を叶えて今の職場にいることを忘れない

あなたは今、自分の夢を叶えて保育者となりました。

日本中、世界中でどれだけの人が、その幸せを感じることができるでしょうか。

どうぞ一日一日を大切に過ごしてください。悲しい時、辛い時はその幸せを思い出してください。

社会が進化しても教育、とりわけ幼児教育は、形は変われど絶対になくならない仕事です。

自分がその仕事へ就けたことに誇りを持ちましょう。

MEMO

/	/	/	/	/
/	/	/	/	/

子供第一主義を貫く

夢中になればなるほど喜ばれる仕事

幼児教育における成果とは、子供を成長させることです。保護者が感じる一番の喜びもまた、子供の成長です。つまり、あなたと保護者が求めるものは一致しています。

保育者という仕事は、一生懸命に取り組めば取り組むほど、結果を出せば出すほど喜ばれるもの。常に「今、子供にとって最善の保育は何か」ということを最優先に考え、解決するようにしましょう。あなたの勝手な思い込みや、園・保育者の都合を優先させてはいけません。子供の成長を自分の生き甲斐にできる保育者になってください。

MEMO

/	/	/	/	/
/	/	/	/	/

我が子を入園させたいと思う園にする

あなたが子供を預けたいと思う園にすれば、保護者は必ず協力してくれる

保育の現場では、対応に困る場面がたくさんあります。そんな時は、「我が子が同じ対応をされたらどう思うか」「我が子だったら、どうしてほしいと思うか」ということを常に考えて行動しましょう。

あなたが子供を持つ親の立場を考えて動いた結果であれば、保護者は必ず理解を示し、協力してくれるはずです。

また、保育以外の場面で困った時は、「人として何が正しいか」を判断基準にしてください。正しい行いを積み重ねることで、保護者に信頼される保育者に近付いていけます。

MEMO

/　/　/　/　/

/　/　/　/　/

一流の社会人として生活する

「社会人としては三流でも、保育者としては一流」ということはありえない

一流の保育者を目指すならば、その前にまず一流の社会人として生活することを心がけねばなりません。

一流の定義には次の二つがあります。一つは「約束したことを必ず守れる」人であること。もう一つは、「当たり前のことを〝当たり前以上〟にやれる」人であること。どちらも特別なことではありません。やる気にさえなれば、誰でも一流になれるのです。

MEMO

/ / / / /

/ / / / /

園児がいなければ、幼稚園・保育園・こども園は成り立たない

あなたが「先生」と呼んでもらえるのは、子供たちがいてくれるから

いくら立派な施設を持った園でも、通ってくれる子供たちがいなければ成り立ちません。

いくら保育の資格を持っていても、我が子を預けてくれる保護者がいなければ働く場所がありません。

もし園長があなたを採用してくれなかったら、保育の現場に立つことができません。

あなたの目の前にある事実をしっかりと胸に刻んでおきましょう。

MEMO

/ / / / /
/ / / / /

職場の仲間は最高のライバル

同僚は大切な仲間。お互いを認め、高め合いながらともに成長していきましょう

保育者の成長は、必ず子供の成長に良い影響を与えます。子供たちのためにも、保育者がともに成長していける環境づくりを心がけましょう。
本当の仲間とは、良い点だけでなく、悪い点もお互いに直接指摘し合える関係のことです。

MEMO

挨拶、整頓（清掃）はあらゆることの基本

子供の見本となれない保育者に、その資格はない

人に会った時には自分から挨拶をする。物を大切にする。使った物を元の場所へ戻す。

子供に必ず教えることとです。まずは、保育者が見本となる行動をしましょう。「いつでも」「どこでも」「誰にでも」を心がけ、実践してください。同様に、「失敗を恐れずに挑戦しよう」「最後まであきらめずにがんばろう」「困っている人がいたら助けてあげよう」など、普段から子供たちに対して言っていることは、大人である自分たちも成長できる最高のノウハウであることを忘れないでください。

MEMO

/ / / / /

/ / / / /

自園の保育目標を熟知する

職場の目指すべきゴールを知らないプロなどいない

あなたは自園の保育目標を暗唱できますか？　職場が掲げる目標を理解するのは、プロフェッショナルとして当然のこと。まずは一字一句間違わず暗記する。そこから内容を深く理解していき、日々の保育で実践できるようにしていきましょう。

巻末一四五ページに「保育目標・保育方針を書き込もう」というページがありますので、今すぐそのページに自園の保育目標・保育方針などを記入しておきましょう。

MEMO

素直・謙虚・感謝の気持ちを忘れない

保育者になることは夢のゴールではなくスタート

笑いあり、涙あり、喜びあり。日常に感動がぎっしりと詰まった保育の仕事。これからのあなたの夢は「子供たちに夢を与えること」「子供たちが夢を叶える基盤をつくってあげること」です。

学ぶために最も必要なものは素直さ。

尊敬されるために抱いておくべきは謙虚さ。

成長するために持っておくべきは感謝の気持ち。

保育者という職業に誇りを持って生活していきましょう。

MEMO

/　/　/　/　/
/　/　/　/　/

第二章

マナーとは

そもそもマナーとは何なのでしょうか。
言葉の意味を知ることで、
身に付けなければならないことの
本質が見えてきます。

マナーとは思いやりを表現する方法

相手を思いやるという気持ちが、マナーの根源である

自分本位の視点から、相手の立場になった視点に切り替える。これがマナーの出発点です。

どんな時でも子供（相手）の気持ちになって考えることが保育者の仕事ですから、園で働く人間にはすべての場面においてマナーが求められます。

MEMO

/　/　/　/　/
/　/　/　/　/

マナーは人間関係を円滑化させる

みんなでつくった様々な決まりごとに基づく行動が、マナーであり、礼儀作法である

行動における「教養」ともいわれるマナー。その目的は、人間関係を円滑にすることです。

社会のルールや常識は、時代と場所によって変化します。合わせてマナーの内容も変わる、ということを常に忘れないでください。

MEMO

マナーは一つではない

「MannerS」＝思いやりの表現方法は数多い

〝相手への思いやりを表現する方法〟を指す言葉は、マナーだけではありません。「エチケット」や「ルール」も、相手のことを思いやる気持ちの上に成り立っています。

こうした多くの思いやり表現＝MannerSが、私たちの毎日の生活を快適にしてくれているのです。

MEMO

/	/	/	/	/
/	/	/	/	/

MannerS って何?

Manner ＋ S と本書では表記しています。
これは下の表のすべてが関係していると
いう意味で使っている言葉です。

マナー Manner	テーブルマナー、 冠婚葬祭の作法など。
エチケット Etiquette	トイレのエチケット、 口臭予防など。
ルール Rule	交通ルール、 手紙の書き方など。

ちなみに、エチケットには「立て看板」という意味があります

どれも自分以外の人が気持ちよく過ごせるように、
守られている行為であることがわかります。

マナーは実践で身に付けるもの

いくら言葉で覚えても、行動しなければいつか忘れるのが人間

脳は「必要だ」と感じたものを強く記憶していく性質があります。加えて、実際に行動することによって記憶が再入力され、強化されるという特徴も持っています。

覚えたこと、学んだことは必ず行動に移していきましょう。

MEMO

/ / / / /

/ / / / /

第三章
身だしなみについて

誰でも今すぐにでき、
誰から見てもすぐに変化がわかるのが、
身だしなみです。
職種にふさわしい服装をすることは、
社会人が守るべきマナー。
いくらステキな笑顔で話しかけられても、
だらしない服装や奇抜な身なりでは
すべて台なしになってしまいます。

清潔感と爽やかさ

「身だしなみ」と「オシャレ」は似て非なるもの

「身だしなみを整える」ということは、「オシャレに着飾れ」という意味ではありません。周囲の人が不快にならないように気づかうのが身だしなみ。多分に自己満足が含まれるオシャレとは本質的に異なります。

保育の現場は、子供はもちろん、卒園した小学生、実習生、保護者、祖父母と、多様な年代の人々が出入りします。「どの年代から見ても好感が持てる服装」を目指してください。

また本人が気が付いてない場合は、同僚の職員が仲間としてしっかりと伝えてあげましょう。

MEMO

/ / / / /
/ / / / /

TPOをわきまえる

身だしなみのルールは、時、場所、場合で決まる

入園式や卒園式といった式典は、特別な日ですからフォーマルな感覚の服装を。研修会や研究会は、社会人として学びにいくわけですから、スーツなどそれに見合った格好を選びましょう。

先生は園の代表者であり、町の有名人です。どんな時でも見られているということを自覚し、TPO（Time＝時、Place＝場所、Occation＝場合）に合わせた服装で出かけてください。

MEMO

着こなしも身だしなみ

同じ洋服でも、着こなし方で印象は大きく違う

たとえば、ジーンズを下げて履いたり、クツのかかとを踏んだまま歩くというような行為は、周囲から見ていてあまり気持ちの良いものではありません。

自分がだらしない着こなしになっていないか、鏡で確認したり、朝礼などでお互いにチェックし合いましょう。

MEMO

身だしなみのチェックポイント

園の規定がある場合はもちろんそれに従うべきですが、それ以外の部分についても保育の妨げになるものは避けなくてはなりません。必要以上に個性的なファッションも、保育の現場には求められていませんのでご注意を。

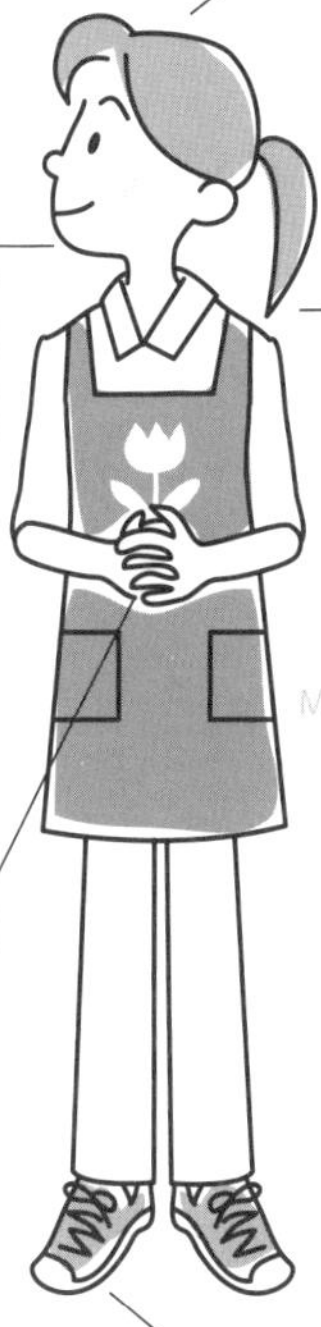

ヘアースタイル

長い髪は束ね、顔にかからないよう留める（保育しやすいように）。

メイク

メイクは社会人の身だしなみ。ノーメイクではいけない。最低でも眉を整え、リップや口紅をひき、顔色も明るくしておく。スッピンから「仕事の顔」に切り替えるつもりで。

ヘアーカラー

園規定がない場合でも、事前に上司へ確認すること。ナチュラルな色以外は避ける。

アクセサリー類

保育に関係ないので身に付けない。子供に思わぬ怪我をさせる原因にもなってしまう。

ツメ

子供を傷付ける恐れがあるので、こまめに切ること。マニキュアは必要なし。

靴

内履き・外履きともに、やわらかい素材でかかとの低いものを選ぶ。サンダルやスリッパは脱げやすいため、（子供の危険時などに）咄嗟に動きにくいので履かないほうが良い。靴のかかとを踏む行為も同様。

通勤中も職員としての意識を持つ

園以外の場所でも、保護者にとってあなたは「先生」

通勤着も気を抜いてはいけません。派手なもの、肌の露出が多いもの、ジャージ、遊び着などはＮＧです。

あなたがいくら「園外で着ている服装」だと思っても、保護者はそう見てはくれません。むしろ園外での服装だからこそ、保育者としてのマナーやモラルを問われます。

たとえ車での通勤でも、電車などに乗れないような格好は避けましょう。これらはプライベートでも同じことですので、気を付けてください。

MEMO

第四章

挨拶について

人の印象は六秒で決まるといわれています。
当たり前の話ですが、この時間内に
保護者に保育の内容を伝えることはできません。
保護者への印象というのは実質、挨拶の瞬間に
決まってしまうということを覚えておきましょう。
園舎・園庭を改装することは容易ではありませんが、
挨拶なら今日この瞬間から変えることができます。

「三つの挨拶＋α」をマスターする

社会人の挨拶は、直接会って、電話で話し、手紙を送る

社会人の挨拶は、三つあるといわれています。「直接会う」「電話で話す」「手紙を送る」。この三つが一流のレベルで行えて、はじめて〝社会人の挨拶〟が完結します。

最近は「メール」で挨拶をする機会も増えています。素早く手軽に送れるのが「メール」の利点ですが、反面、返信にもスピードが求められたり、短く簡潔にまとめる文章力を求められたりします。それぞれのコミュニケーション・ツールとしての特性をよく理解し、園全体で活用できるよう意識してください。

MEMO

3つの挨拶＋α

直接行う挨拶

普段、子供たちに教えている挨拶については自らが手本となるように。

「お世話になっております」など、大人同士の挨拶はTPOに合わせて言葉を選ぶ必要がありますが、ベースとなる所作については以降で説明するとおりです。

電話で行う挨拶

電話ほど相手が見えるものはないといわれています。

手紙で行う挨拶

時候の挨拶が基本となります。
保護者に送る手紙は園児が読むものではないので、子供っぽい表現はいりません。

メールでの挨拶

スピーディ&低コストで伝達できる、というのが最大の特徴です。
相手が忙しい時でも送っておくことができます。

挨拶は姿勢でつくられる

挨拶をする時は、かかとを付けて背筋を伸ばす

姿勢がしっかりしていないと声も出ず、良い挨拶はできません。

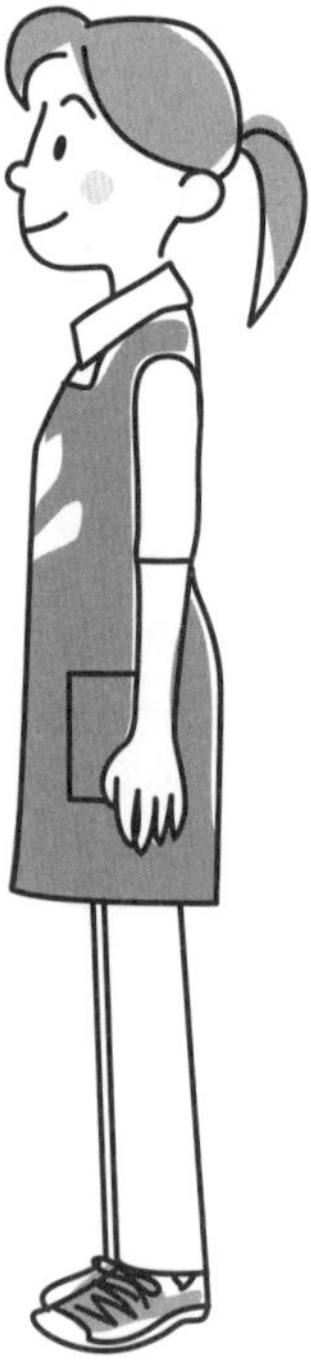

MEMO

/ / / / /
/ / / / /

良い姿勢の取り方

①まず、かかとを付け

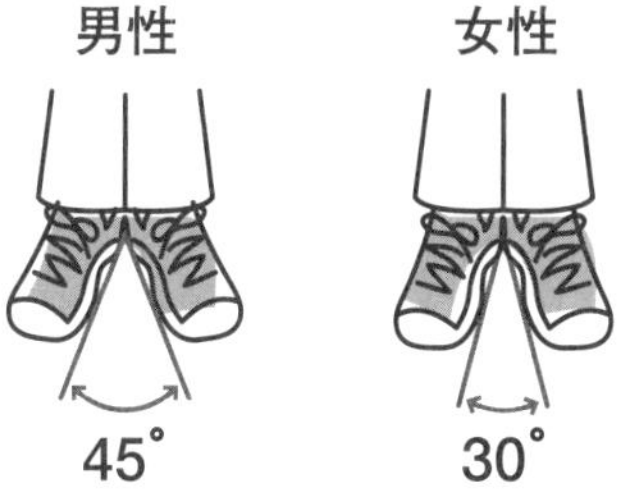

②指をそろえ、中指を体の真ん中に(A)

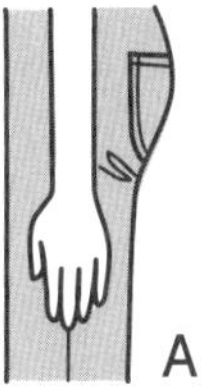

猫背の人は、親指を体の真ん中に(B)

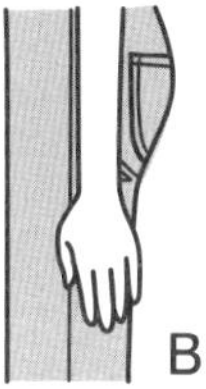

③背筋を伸ばす。
かかとを付け、指先を意識すると、
自然に背筋が伸びます。

保育者として正しいお辞儀を覚える

お辞儀の角度は四五度で統一する

すれ違う時の会釈は一五度、謝罪なら六〇度。両方を使い分けられるようにしましょう。

そして、通常のお辞儀（挨拶）は四五度です。この角度であれば、相手に失礼な印象を与えず、なおかつ保護者のそばにいる子供を視界のなかに捉えることができます。

MEMO

/	/	/	/	/
/	/	/	/	/

保育者としてのお辞儀の基本

Point.1　通常のお辞儀（挨拶）は角度45度。

Point.2　相手との距離は2メートル程度が目安。
（近過ぎても離れ過ぎても失礼にあたります）

Point.3　視線は「相手の顔→相手の足→相手の顔」
（視線をこのように動かすと背筋が伸びて
きれいなお辞儀になります）

子供は先生の表情が見えるので安心感を覚える。

保育者は子供がしっかりと視野に入るので、突然転んだり、飛び出したりしても対処できる。

お辞儀のスピードが印象を変える

「下ろす時は速く、戻す時にはゆっくりと」がお辞儀の基本

あまりに速いお辞儀は嫌々ながらやっているように見えます。反対にゆっくり過ぎると、今度はいんぎん無礼な態度にとられかねません。下ろす時は速く、戻す時にはゆっくりと。これだけでお辞儀が美しく見えます。

MEMO

/ / / / /

/ / / / /

美しいお辞儀のしかた

①下ろす時は速く。

元気さを表現します。

②しっかり、止める。

誠実さを伝えられます。

③戻す時はゆっくり。

女性としてのやさしさが動きとして表れます。

全体としては、「いち、に、さ～ん」と
心のなかで数える感じで。

「ながら挨拶」は失礼な振る舞い

何かをしながら挨拶をしてはいけない

歩きながら、座りながら、清掃をしながら……。何かをしながらの挨拶は、決してやってはいけないことの一つです。口に出して指摘してくれる人は、ほぼ皆無ですから、自ら気付いて実践してください。

挨拶は、手を止め、足を止め、相手に向き合って、心から行う。

子供に挨拶を教える先生だからこそ、絶対にこだわりたい部分です。

MEMO

「ながら挨拶」はNG

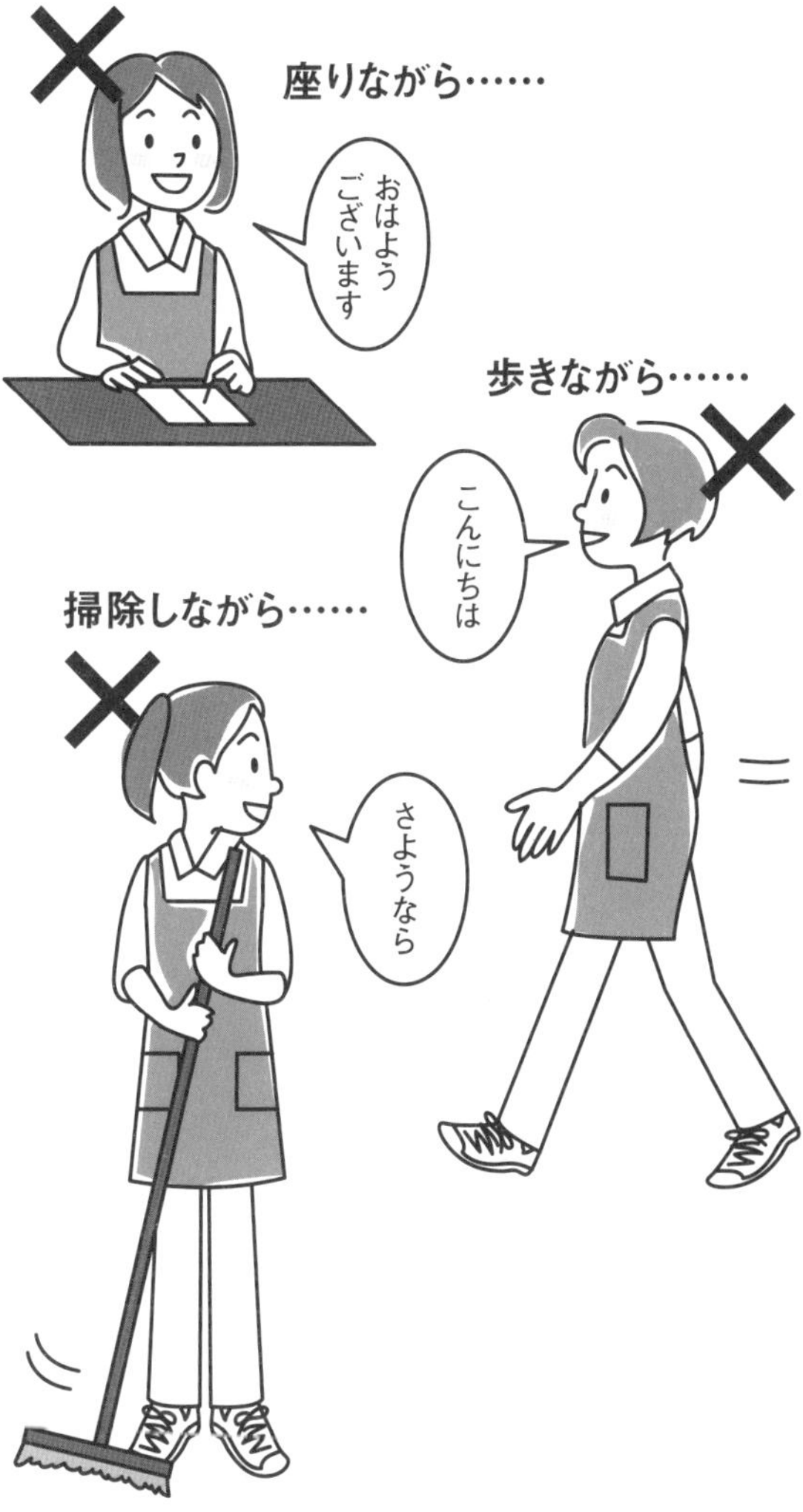
座りながら……
おはようございます
歩きながら……
こんにちは
掃除しながら……
さようなら

挨拶は園の象徴

「職場の活気」「職員のやる気」を挨拶で表現する

活気とやる気。どちらも魅力的な園に不可欠な要素です。挨拶がしっかりしている園には、すべからく「けじめ」があり、その積み重ねが周囲からの信用につながっています。元気の良い挨拶はモチベーションをアップさせ、それを維持させます。

むやみに大声を出す必要はありませんが、お腹からしっかりと張りのある声を出す努力は必要です。しっかりとした声が出せるようになれば、TPOに応じて大きさやトーンを自分の意思で調整できるようになります。

MEMO

/	/	/	/	/
/	/	/	/	/

プラスワンの一言が大切

一言付け加えるだけで、相手に安心感を与えられる

「○○くん、風邪はもう平気ですか？」「○○ちゃん、髪を切りましたね」

挨拶にこんな言葉を加えるだけでも、相手は自分を気にかけてくれている、わかってくれていると感じるものです。

大切なのは子供や保護者を普段からよく見ること。情報を多く持っているからこそ、一言付け加えることができるのです。

これは電話の応対でも同様です。例えば欠席の連絡を受けた時、たとえ自分が担任でなくとも「お熱は高いのですか？」「どのような様子ですか？」と相手を気づかう言葉を加えましょう。

MEMO

挨拶の前後も気は抜けない

作業を中断・再開した時の動きも見られている

しっかりとした挨拶ができるようになると、相手はあなたに対して「仕事ができる人」という印象を持つようになります。その期待を裏切らないためにも、挨拶のレベルに合わせて、前後の動きもスキルアップしていかなければなりません。

例えば、机に向かって事務作業をしている時。しっかりと手を止めてペンを置き、立ち上がってゆっくりと挨拶ができるか。それともペンを放り投げ、イスを鳴らして慌てて立ち上がるか。どちらの行動を取るかで、評価はまったく変わってしまいます。

MEMO

/ / / / /
/ / / / /

第五章

インターネットについて

現代人の生活に必要不可欠な存在となってきたインターネット。
社会人として保育者として、
メールやSNSをどう利用し、
付き合っていくべきか。
インターネットを介した
コミュニケーションにおける
マナーについてお話します。

メールのマナー　その一

メールの返信は最低でも二四時間以内に出す

何日もパソコンを開かず、メールに気付かない。あるいは気付いても、すぐに返信しない。どちらも大変なマナー違反です。

特に、園のホームページで公開しているメールは、頻繁にチェックを行いましょう。担当者を決め、遅くとも二四時間以内に返信できる体制をつくっておくべきです。

MEMO

/	/	/	/	/
/	/	/	/	/

メールのマナー　その二

園と個人のメールアドレスを混同しない

園によっては、各職員ごとにメールアドレスを発行するところもあると思います。そのメールアドレスはもちろん仕事用のメールアドレスです。園の電話同様、私用で使うのは厳禁です。また、ホームページなどで公開されている園の代表メールアドレスも、個人で勝手に使ってはいけません。

個人的な携帯電話やパソコンのメールアドレスを保護者に教えることも控えてください。園とは関係ないところで悪用されたり、身に覚えのない業者からメールが届いたりと、思わぬトラブルを呼び込む可能性があるからです。

MEMO

メールのマナー　その三

返信の件名にも、細やかな心配りをする

届いたメールを返信する際、そのままの件名で送ると失礼にあたる場合があります。

例えば、相手が「田中です！」という件名を付けていた場合、返信メールの件名は呼び捨てになってしまいます。

そんな時は「Ｒｅ：田中様へ　メールのお礼＠八田です！」というように、少し修正してみましょう。相手に与える印象が大きく変わります。

MEMO

/	/	/	/	/
/	/	/	/	/

SNSのマナー　その一

インターネット上はプライベート空間ではない

現代は、SNSを使ってコミュニケーションを図ったり、自己表現をすることが当たり前の時代になりました。

しかし、不特定多数が目にするインターネット上は、言わば「公」の場です。いくらあなたがプライベートでの発言だと思っていても、第三者から見れば「保育者の一人」が発した言葉です。十分に気を付けてください。

MEMO

ＳＮＳのマナー　その二

投稿の基準は園だよりに掲載できるかどうか

ＳＮＳへの投稿は、同じ内容をそのまま園だよりに載せられるか否かを一つの目安にしましょう。あるいは、印刷して懇談会で配布できるかどうかでも構いません。もしできないとすれば、内容に保育者として不適切な部分があるということです。

出産や退職などで仕事を離れた時も、ＳＮＳでの発言には注意が必要です。子供たちや保護者にとって、あなたはずっと先生なのです。

MEMO

/ / / / /

/ / / / /

SNSのマナー　その三

投稿する前に、園のルールを確認する

園によって、ＳＮＳに対するルールは異なります。率先して活用している園もあれば、完全に制限している園もあります。
園には各々の考え方があるので、事前に確認しておくことが大切です。自分自身の感覚や、自分の周りだけの常識で勝手に判断してはいけません。

MEMO

SNSのマナー　その四

保護者との個人的なつながりは避ける

SNSの大きな特徴に、個人的な連絡をとても簡単に取れてしまう点があります。もちろん大変便利な長所ではあるのですが、同時に様々なトラブルの原因にもなります。

SNSを通じて保護者と直接、個人的なつながりを持つことは避けましょう。便利なツールだからこそ、適度な距離感をもって使いこなさなければいけません。

MEMO

/ / / / / /
/ / / / / /

SNSのマナー　その五

保育者同士の間でも節度を守る

同じ職場で働く仲間でも、SNSを扱う感覚は人それぞれです。あなたが打ち解けて発したコメントが相手を傷付けることもありますし、逆もまた然りです。

例えば、気心の知れた同期だけでLINEのグループを作ることがあると思います。その場合は、先輩やリーダーの先生にあえて加わってもらい、モラルを保つような工夫をしましょう。

MEMO

第六章

環境整備について

働きやすい職場にするためのルールをつくり、
維持するのが「環境整備」です。
園は職員のプライベート空間ではありません。
公の場として、園に関わるすべての人が
気持ち良く過ごせるように
環境を整えていくことは、
マナーの根幹にもつながります。
代表的な「環境整備」は、
清掃や整理・整頓などですが、
実際には「約束を守る」ことから
「物を大切にする」ことまで、
じつに幅広い要素が含まれます。

決められたことは守る

ルールを守りながら、相手の予想を上回る働きを目指す

環境整備における一番の基本は「決まりごとを守る」ことです。園で決まっていることは、どんなに細かいことでもおろそかにしてはいけません。採用時に約束したことを最後まで貫くのも大切なことです。
その上で、相手の予想を上回る働きをしたとき、初めて良い仕事ができたといえます。目指すべきは「決められたことを決められたこと以上に行う」こと。良い仕事ができた時、その働きは周囲に感動を与えます。

MEMO

/ / / / /
/ / / / /

指示は必ず実行し、結果は必ず報告する

仕事は「指示を実行する」ことから始まり、「結果を報告する」ことで終わる

これはすべての職員の義務です。「忙しかったから」「つい忘れてしまった」では通用しません。園長は、結果の報告を受けてから、次の指示を出します。正確な報告こそが、次の的確な判断につながります。

MEMO

〝悪い知らせ〟ほど、事実を迅速に報告する

結果報告のなかで、最も優先すべきは〝悪い知らせ〟

報告は職員の義務ですが、なかでも〝悪い知らせ〟は特に早く、ありのままに伝える必要があります。そういうケースこそ迅速かつ的確な対処が求められるからです。

パニックになったり、自分の評価や立場を気にするために報告が遅れ、事態がさらに悪化するようなことは、絶対にあってはなりません。

MEMO

/	/	/	/	/
/	/	/	/	/

時間厳守を徹底する

時間に遅れるということは、相手の時間を盗む行為

決められた時間に行動を開始できること。これが時間厳守のルールです。そのためには「一〇分前行動」、「五分前集合」を心がけねばなりません。

時間に遅れるということは、その場にいるすべての人の時間を奪ってしまうのと同じことです。参加者一〇人の会議に自分だけ五分遅れて入ってきたら、九人×五分＝四五分。一〇分遅れたら、九人×一〇分＝九〇分の時間を奪ってしまったと考えてください。

MEMO

「ハイ」という返事の効果

返事は、語尾を上げて「ハイッ！」

園での仕事は、自分の好きなことばかりではありません。楽しい仕事と、そうでない仕事。心境の違いはあっても、それを表に出すようではプロ失格です。

返事はいつも一定のトーンで元気良く。語尾を上げて短く発すると、やる気のあるイキイキとした返事になります。

あなたが心がけることで、周囲は必ず活気付きます。ぜひやってみてください。

MEMO

最速のスピードで返事をする

〇・二秒で返事をし、即座に行動へと移す

自分の名前を呼ばれた時、どのぐらいのスピードで返事をすればいいのか。それは〇・二秒の間です。人間が反射的に対応できる最速の時間といわれているからです。

つまり、考えてから返事をするのではなく、まず「ハイッ！」と反応する習慣を身に付ける。これがポイントです。

MEMO

/	/	/	/	/
/	/	/	/	/

清掃は保育の鏡である

清掃のレベルは、その人の保育レベルと同じ

目立つところだけ気にする人は、目立つ子供だけしか見えない保育者。見えるところだけで満足する人は、表面的な子供の姿しか見えない保育者。見えないところにも気の回る人は、子供の心のなかにまでしっかりと入っていける保育者。

保育室の清掃のレベルは、保育者の能力を如実に物語ります。清掃上手は保育上手。衛生面を保つことはもちろんですが、清掃を通じて〝気付ける〟保育者になってください。

MEMO

/	/	/	/	/
/	/	/	/	/

「上から下へ」「内から外へ」が清掃の基本

ゴミやホコリは、下へ下へと落ちていく

清掃は、上から下へ向かってやるものです。下から上へと進めると、いつの間にかまた下が汚れてしまいます。
また、床を掃く時は、窓や出入り口など屋外へ向かって掃いていくのがセオリーです。

MEMO

清掃における時間の効率化

短時間で質を落とさない清掃を心がける

たとえば、ハタキは利き手で持ち、反対回りに動かしていくと（利き手が右手の人は左回り。左手の人は右回り）、やり忘れがなく、効果的に清掃できます。

こまめに短時間で質の高い清掃を繰り返すことができれば、年末や長期休暇前に大掃除をする必要がなくなります。

MEMO

/	/	/	/	/
/	/	/	/	/

整理と整頓は別のことである

整理とは、必要な物と不要な物を分ける作業。整頓とは、使いやすく並べる作業のこと

必要のない物まで整頓するのは時間のムダです。まず、いらない物を捨て（整理する）、その後に整頓するようにしましょう。

この整理と整頓がきっちりとできていれば、清掃は維持管理するだけの作業で済みます。

MEMO

掃除の4S
（整理·整頓·清掃·清潔）

整理	必要な物と不要な物を分ける
整頓	使う物を使いやすいように並べる
清掃	それをキレイに保つ
清潔	衛生面にも気を配る

/ / / / /
/ / / / /

トイレは最もキレイな場所に

清掃の良し悪しはトイレで如実にわかる

トイレはどこの家庭にでもあるので、清掃の手を抜くとすぐに保護者や同僚に見て取られてしまいます。子供の肌が直に接する場所でもあるので、自分で触れるぐらいの気持ちでキレイにしましょう。

人のイヤがることを率先してやる保育者は、必ず周囲から信頼を得られます。

MEMO

/	/	/	/	/
/	/	/	/	/

境界線を清潔に保つコツ

清掃は決められた範囲より五〇センチ広くやる

職員全員が決められた範囲だけを清掃しようとすると、どうしても境界部分だけが汚れたままになりがちです。それを防ぐために、みんなで五〇センチ広く清掃する意識を持つようにしましょう。

常に「一歩遠くまで」「ほんの少しだけ相手の分まで」。その気持ちが職場全体のスムーズな連携にもつながっていきます。

MEMO

/ / / / /

/ / / / /

第七章

電話応対について

顔が見えないからこそ、
電話応対では細心の気配りが必要となります。
一流の社会人として通用するだけの、
ハイレベルな電話応対を
身に付けられていますか？

電話の受け手は園を代表する人間

園の評判は、電話の応対次第で大きく変わる

見学や入園の希望を伝えたい時、多くの保護者は電話を使います。この事実だけを考えても、園にとって電話がいかに重要なツールであるかがわかると思います。特に、園に初めて電話をかけた人は、その時の受け手の応対で園の第一印象を決めてしまいます。

時には、クレームの電話が鳴ることもあります。新たな苦情を増やさないためにも、いつも丁寧な対応を心がけてください。

何気なく取った一本の電話が、新しい出会いにつながることもあります。いつでも「自分は園を代表する人間である」という自覚を持って、電話の受け答えをしましょう。

MEMO

/	/	/	/	/
/	/	/	/	/

見えなくとも感情は伝わる

目の前に相手がいるつもりで受け答えをする

相手に顔が見えないからと、言葉だけで上手く取りつくろおうとしても、こちらの態度や感情は伝わるものです。「電話ほど相手が見えるものはない」という言葉もあるぐらいです。

例えば、お礼の電話でお辞儀をする。その気持ちは、間違いなく電話の相手にも通じています。

また電話をする時は、周囲の音にも気を配ってください。騒がしい場所からの電話は、会話の内容によっては相手を不快にさせてしまうからです。

MEMO

/	/	/	/	/
/	/	/	/	/

電話とメモ用紙はセットで使う

通話の内容は、メモに残すのが職場での鉄則

電話の周りは整理整頓し、「保留」「転送」など、電話機の機能も事前に把握しておきましょう。

こちらからかける時は、話す内容を頭のなかであらかじめ整理し、必要な書類などを準備しておきます。

かかってきた電話の内容は、必ずメモを取りましょう。相手の名前や連絡先、時間、場所など、間違いが許されない内容は、必ず復唱して確認してください。電話を切ってからでは、確認することができません。

MEMO

/	/	/	/	/
/	/	/	/	/

ファーストインパクトが大切

第一声のトーンで、園のイメージが決まる

声だけで相手を判断される電話の場合、最初の一五秒間の話し方(ファーストインパクト)が非常に重要です。

第一声のトーンはやや高めにし、笑顔で「明るく・ゆっくり・はっきり」と話しましょう。

MEMO

こちらから相手の用件を引き出す

電話の相手よりも先に声を出し、話しやすい雰囲気をつくること

どれほど忙しい時にかかってきた電話でも、相手はその状況を知らずにかけてきています。決して面倒がらず、相手が話したいと思っていることを自分から引き出してあげるように心がけてください。

どんな時にでも「電話をいただいてありがとうございます」という気持ちを表現できるように、練習しておきましょう。

MEMO

/ / / / /

/ / / / /

クッション言葉＋依頼疑問文

「申し訳ございませんが」「お手数ですが」「恐れ入りますが」などのクッション言葉を使う

相手に何かを依頼する時やいいにくいことを話す前には、クッション言葉を入れましょう。電話では、ストレートに「〜してください」という表現を使うと、どうしても相手に高圧的なイメージを与えてしまうからです。

クッション言葉に依頼疑問文を続けることで、相手に選択肢を与えることも大切です。

お手数ですが、 → クッション言葉

明日までにご提出いただけますでしょうか? → 依頼疑問文

※相手に「イエス」、「ノー」の選択肢を与える。

MEMO

クッションン言葉＋否定文＋代案（疑問形）

否定する場合は、代案を用意すること

相手の申し出を否定する場合はさらに注意が必要です。
「できません」「居ません」などの断言は、相手が不快に思うばかりか、それ以上話が進まないという最悪の状況になることもあります。クッション言葉を使い、代案を用意して、相手が求めている対応を引き出しましょう。

MEMO

申し訳ございません。	クッション言葉
ただいま園長は 不在にしております。	否定文
○時には戻る予定ですが、 私でよろしければ ご用件をうけたまわりますが。	代　案

※相手に代案で「かけ直す」のか、「伝言を残す」のかという選択肢を与える。

切る瞬間にも集中力を

電話を切る時は、フックを押さえながら、静かに置く

人の印象は別れ際で決まるともいいます。電話ならば、切る瞬間です。「ガチャン！」という耳障りな音を立てて切ってしまうと、それまでの受け答えがすべて台なしになってしまいます。電話を切る時はフックを指で押さえながら、静かに受話器を置きましょう。

基本的に切るタイミングはかけた人が決めますが、職場ではお客さまや保護者が切るまで待ちましょう。

MEMO

慣れることが最高の上達術

シミュレーションと実践を重ね、「習うより慣れる」

最近では携帯電話やメールの普及により、「見ず知らずの人と電話で話をしたことがない」という人が増えているようです。

しかし社会で働くと、電話応対は必須事項になります。不安な人は、自ら率先して電話を取るようにし、実践で慣れていくようにしましょう。

ただし、相手に失礼があってはいけませんから、普段からよくあるシーンごとにシミュレーションしておかなくてはいけません。慣れるまでは、先輩に近くでやりとりを聞いていてもらうと良いでしょう。

MEMO

/ / / / /

/ / / / /

第八章

名刺について

日本のビジネス社会は名刺文化です。
その扱い方を一つ間違えるだけで、
社会人としての常識を
疑われることも少なくありません。
園の職員として、
恥ずかしくない対応を身に付けましょう。

名刺を持つことで、そのマナーを理解できる

社会人としての第一歩「名刺を持とう」

名刺を持つことで、渡す人の気持ちがわかります。受け取った後の扱い方が変わります。

「あまり渡す機会が少ない」という人も、準備だけは怠らないでください。保育者である以上、必ず使う場面が訪れます。たった一度の出会いをおろそかにしてはいけません。

自分の名刺は専用のケースに入れ、常に数十枚は持っておくようにしましょう。

MEMO

/	/	/	/	/
/	/	/	/	/

名刺は渡した人間の分身である

人間に対して無礼にあたる行為は、名刺に対しても行ってはいけない

名刺を扱う上で、根本的なルールとなるのが「名刺＝その人物」という考え方です。

いただいた一枚の紙は、目の前にいる相手の分身というわけです。したがって、相手にやらない行為は、名刺にもやってはいけません。名刺にしてしまった行為は、相手にしてしまったのと同じことだと思ってください。

同様に、あなたの名刺はあなた自身なのですから、汚れた名刺を渡してはいけません。顔が汚れたまま、人前に出ないのと一緒です。折れ目が付いている、印刷がズレているなどの名刺もＮＧです。

MEMO

受け取り方にもマナーがある

名刺の受け取り方にも、一般的な型というものがある

名刺を出されたら、「ちょうだいいたします」といって両手で受け取り、そのままの姿勢で一歩下がって会釈。それから名刺に書いてある名前を復唱します。読み方がわからない場合は、失礼なことではないのでその場で尋ねましょう。

いただいた名刺は、相手を敬う気持ちで胸とおヘソの間ぐらいで持っておきます。

MEMO

/	/	/	/	/
/	/	/	/	/

名刺の受け取り方の一般的なフォーム

Step.1

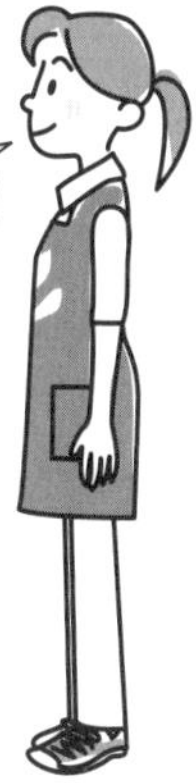

Step.2 両手で受け取る。

Step.3 一歩下がり、会釈をする。

Step.5 名刺に書いてある名前を復唱する。

Step.5 胸とおヘソの中間で持つ。

しまうタイミングにも注意

名刺は、相手の見えるところに持ち、会話の終了時や内容の切りの良いところを見計らってしまう

渡された名刺をすぐにしまうのは良くありません。「私はあなたに興味がありません」といっているようなものだからです。

ちなみに、机の上に置く時には、自分の名刺入れの上に置くことが常識とされています。これは「相手をイスに座らせる」のと同じ意味として解釈されているからです。

MEMO

/ / / / /
/ / / / /

名刺交換時のルール

目下の人間、訪問者から差し出すのが原則

自分の名刺は、相手のほうに向け、両手で相手のみぞおち辺りに差し出しながら、職場名と名前を名乗ります。

自分が出すのと同時に相手に名刺を差し出された時は、自分の名刺を右手で差し出しながら、相手の名刺を左手で受け取ります。その際、「片手で失礼いたします」と付け加え、渡し終えた右手は相手の名刺に添えて受け取ります。

MEMO

名刺のタブー　その一

片手で受け取らない、手でもてあそばない

名刺を両手で受け取る行為は、相手への敬意を表しています。片手で適当に受け取ってはいけません。

いただいた名刺をどうして良いかわからず、手持ち無沙汰になってペラペラともてあそぶ。これも名刺文化を理解していない人にありがちな行為です。絶対にやってはいけません。初対面の人をベタベタ触ったり、ほおを叩いたりしないのと同じことです。

MEMO

/	/	/	/	/
/	/	/	/	/

名刺のタブー　その二

その場で何かを書き込むような行為は禁止

名刺を交換するときは、余白の部分を持ち、文字が印刷されている部分には手を触れないようにします。相手の名前を隠す、汚すという行為は失礼にあたるからです。

本人がいる前で、いただいた名刺に何かを書き込むのも禁止です。ただし、名刺の持ち主をわかりやすくするために、後日、特徴や情報などを書き込むのは悪いことではありません。

名刺のタブーを自ら進んでやる人はいないはずです。無意識のうち、気付かずにやってしまうからこそ注意が必要なのです。

MEMO

何度でも自分から手渡す

名刺は情報の詰まった自分の財産

過去に一度、渡したことがある人でも、時間が経っていれば「あらためまして」と名刺交換を求めましょう。名刺には最新の情報が詰まっています。転勤、結婚、昇進……。名刺を交換することで、相手の現況を知ることができます。

いただいた名刺は名刺ホルダーなどに入れ、大切に保管しておきましょう。人とのつながりを大切にする人は、人生もうまくいきます。名刺は本人との出会いを示す証明書のようなもの。決して粗末に扱ってはいけません。

MEMO

/	/	/	/	/
/	/	/	/	/

第九章

保護者との関係について

保護者が保育者との関係を大切にするのは、
我が子のためを思うからです。
園からのお願いを実行してくれるのも、
あなたにやさしい言葉をかけてくれるのも、
究極的には子供が育つ環境をつくってあげたいから。
その気持ちは、時に保育者に対する
ネガティブな意見にフタをしてしまうことがあります。
職員はその事実を知っておかなければなりません。
保護者とのより良い理想の関係を
築き上げる努力を怠らないようにしましょう。

どの保護者も平等に扱う

特定の保護者ばかりに話しかける行為は、他の保護者からの不信感につながる

子供との関係がそうであるように、保護者とも平等に接するのが保育者の義務です。

ここでいう平等とは、平均化するということではなく、「保護者全員をえこひいきする」という意味です。

保護者に接するレベルを全体的に引き上げる努力をしましょう。

MEMO

/	/	/	/	/
/	/	/	/	/

親しき仲にも礼儀あり

保護者は、職員と友達になりたいわけではない

保護者のなかには友達口調で話しかけてくれる方もいますが、保育者が同じように友達口調で話しかけることは避けましょう。

友達口調の会話は、現場から緊張感を奪い去っていきます。保護者と仲が良いのは素晴らしいことですが、プロ意識の欠落した保育はいずれ保護者全体からの信頼を損ないます。そうならないためにも節度あるコミュニケーションを保ちましょう。

MEMO

/	/	/	/	/
/	/	/	/	/

正しい言葉づかいの重要性

専門用語や若者言葉は使わない

「五領域」「週案」など、保育関係者の間で使う専門用語は、保護者には何のことかまったくわかりません。保護者にもしっかりと伝わる言葉に置き換えて話しましょう。

また、「マジで」「ってゆーか」などのいわゆる若者言葉は、「先生」と呼ばれる職業の人間にはふさわしくありません。丁寧な言葉づかいを徹底してください。

MEMO

/	/	/	/	/
/	/	/	/	/

前後関係を意識した表現方法

否定的な話の後には、肯定的な表現を用意する

「一生懸命、練習してくれましたが、失敗しました」と、「失敗してしまいましたが、一生懸命、練習してくれました」は、事実としては同じことですが、日本語は前の言葉より、後ろの言葉のほうが強く印象に残るという特徴があります。否定的なことは前に、肯定的なことは後ろにする「後よし言葉」が、聞く側に良い印象を与えます。覚えておきましょう。

MEMO

/	/	/	/	/
/	/	/	/	/

ウワサ話には参加しない

保護者にとって、あなたの言葉はすべて「先生の言葉」

あなたはお付き合いのつもりで参加しているウワサ話かもしれませんが、一旦その場を離れれば「先生が陰口をいっていた」「あの先生は口が軽い」といわれかねません。

悪い評判は、とても早く広がるもの。特に、最近はメールなどで一瞬にして保護者の間に知れ渡ってしまうこともあります。保育者として節度ある会話を心がけましょう。

MEMO

わからない時は即答しない

「私は〜と思うのですが」という曖昧な意見は、事態を複雑にさせる

保護者の立場からすれば、一人の保育者が発した言葉は「園の意見」ととらえられます。

よくわからない時、自分一人で決定できない時、込み入った話をする時などは、即答をせず、園長や主任に相談してから改めて返事をするということを、保護者にはっきりと伝えましょう。

MEMO

/	/	/	/	/
/	/	/	/	/

はじめてのことに気をつかう

保護者は誰でも、はじめての事柄・行事にとても不安を抱くもの

保育者にとっては日常の保育、恒例の行事であっても、保護者の多くにとっては違います。普段の生活とは違う緊張を強いられる、非日常の出来事なのです。

保護者に余計な心配をさせないよう努力するのも、保育者の務め。特に、新入園児の保護者には、おたよりでわかりやすく通知したり、前日に声をかけるなど、きめ細かい気づかいを忘れないようにしましょう。

MEMO

/	/	/	/	/
/	/	/	/	/

コミュニケーションの八割は聞くこと

相手の話を聞くポイントは三つある

コミュニケーションで最も大切なことは、何を話すかよりも、どれだけ相手の話を聞けるかです。保護者と会話する時は、八割は自分が聞き手に回る意識でいてください。話を聞く時のポイントは主に三つです。

①全身で聞く（真剣に聞いていることを態度で示す）。
②最後まで聞く（自分で勝手に納得しない）。
③相手に関心を持って聞く（お互いの立場を理解する）。

保護者からの意見は、できる、できないにかかわらず、保護者の身になって耳を傾けましょう。その姿勢が信頼関係をつくります。

MEMO

幅広い知識や事例を学ぶ

人間力を磨き、「先生」と呼ばれるにふさわしい保育者になる

保護者のなかには、あなたより人生経験や子育て経験が豊富な方もたくさんいます。しかし、あなたは「先生」です。プロの保育者です。しっかりとした自信を持てるよう、様々な事例や知識を学び、人間力を磨きましょう。過去の報告書などを確認し、これまで園で起こったことを勉強しておくのも大切なことです。

保護者との年齢差も、あまり気にしてはいけません。あなたの後ろには、園の歴史があります。園長がいます。先輩や仲間がいます。困った時は、みんなが助けてくれます。不安な気持ちがあるなら「今、自分に何ができるか」を前向きに考えましょう。

MEMO

/	/	/	/	/
/	/	/	/	/

第一〇章

接客について

何をするにも、まず心構えが重要です。
幼稚園・保育園・こども園で働く職員としての
自覚と誇りを常に持ちましょう。

おもてなしは「三配り」から

接客の良し悪しを決めるのは、目配り・気配り・心配り

自分の感覚をアンテナにし、相手の求めていることに気付く。相手の立場に合わせて行動する。大人のおもてなしは、そんな目配り・気配り・心配りの「三配り」が揃って、はじめて形になります。

最も重要なのは〝気付く〟という部分。「相手の求めていることに気付いてあげたい」というやさしい気持ちが、すべてのおもてなしの出発点となります。

MEMO

/ / / / /
/ / / / /

おもてなしの「三配り」

目配り	視線で相手をもてなすこと。 目を細めて笑顔を見せれば 歓迎の意になりますし、 視線を動かすことで 相手の行動を うながすこともできます。
気配り	気付くこと。 相手のことを敏感に察知し、 不測の事態が 起きないように 配慮することを指します。
心配り	相手が心地良いと 思える状態をつくり上げること。 「この人は本当は、ここまで やってほしいのではないか」 という、きめ細やかな 心づかいのことをいいます。

最初に応対した人間が園の顔

訪問者は、「園全員」のお客さまとして迎える

電話の応対同様、接客においても最初に応対する人間が園の印象を決める役割を担います。明るく丁寧に振る舞いましょう。
また、訪問者と会った時は、どんな時でも必ず足を止め、心を込めて挨拶をしましょう。

MEMO

/	/	/	/	/
/	/	/	/	/

園のスリッパを確認しておく

スリッパの汚れやほつれは、普段からチェックしておくこと

自園のスリッパについて、さほど気にかけていない園が数多く見受けられます。

お客さまに一番良いスリッパを出すことはもちろんですが、日頃から状態を確認しておくことが大切です。

あまりに汚れていたり、古くなっている物は、交換してください。

MEMO

/	/	/	/	/
/	/	/	/	/

来訪を感謝する

お客さまを案内する時は、荷物やコートをお預かりする

外部からのお客さまが気持ち良く園内に入れるように、まず来訪を感謝し、そして案内の前には荷物やコートをお預かりしましょう。

「コートをお預かりします」
コートを着ているということは、寒いなか来園していただいたということ。室内で荷物にならないよう、ハンガーにかけてお預かりする意思を示します。

「お荷物をお持ちいたしましょうか」
重い荷物を抱えて来られたわけですから、室内では職員が進んで運ぶようにします。

「よろしければタオルをどうぞ」
雨天時は、濡れたカバンや足もとを拭けるだけでも、お客さまは快適に過ごせるようになります。

MEMO

/	/	/	/	/
/	/	/	/	/

誘導は会話を交わしながら

お客さまを誘導する時は、必ず行き先を告げる

はじめて園に訪れた方は、応接室や廊下の場所がわかりません。あらかじめ「応接室にご案内いたします」などと行き先を告げ、お客さまの歩調に合わせて誘導してください。

その際、「遠方よりお越しいただきありがとうございました」「今日はあたたかいですね」「園庭も自慢の一つなんですよ」など、会話をプラスすること。お客さまの緊張が和らぎます。

MEMO

/ / / / /
/ / / / /

応接室のルールを守る

お客さまには部屋の上座に座っていただく

各部屋の上座の位置を事前に確認しておくというのは、社会人としての常識です。

お客さまが入室されたら、速やかに上座をすすめられるようにしておきましょう。上座への着席をうながさない場合、訪問者は下座で立ったまま待機することになります。それが訪問時のマナーだからです。必ず案内した側から「どうぞこちらにおかけください」と声をかけましょう。

お茶を出す時も、「どうぞ」の一言を添えるのが慣例です。

MEMO

/	/	/	/	/
/	/	/	/	/

上座の位置

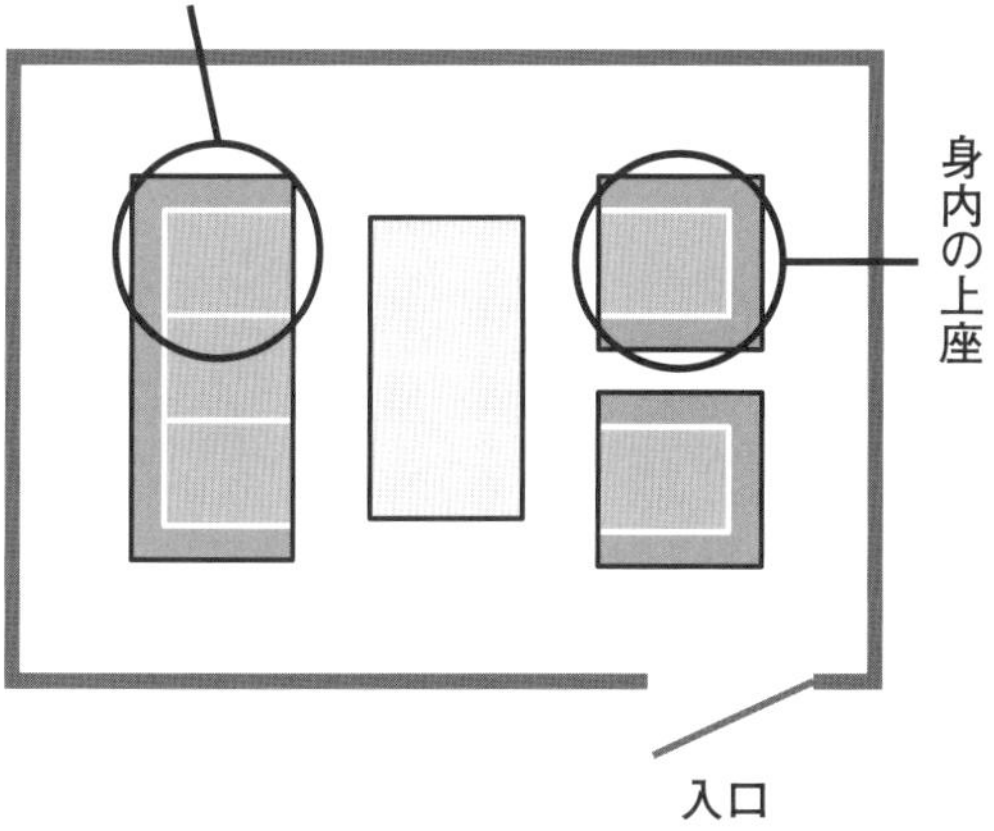
入口から
一番遠いところが上座

案内が終わったら玄関へ戻る

お客さまのクツを揃えるのも接客の一つ

お客さまの接客はお茶を出して終わりではありません。

案内が終わったら一旦玄関に戻り、端に寄せてあるお客さまのクツを中央へ揃えておきます。このとき園庭の泥や砂がクツについていたら拭き取りましょう。

雨天時、傘が濡れているようならば、水を払ってまとめておきます。

MEMO

/	/	/	/	/
/	/	/	/	/

お見送りの仕方

帰りの際は、お客さまが見えなくなるまでお見送りする

お客さまが用事を済ませ、園を後にする時は、見えなくなるまでお見送りするのが礼儀です。場所は、応接室の外・玄関先、門など、お客さまの地位や仕事の関係上で判断します。
具体的にどこまでお見送りするべきかについては、園全体で話し合っておいた方が良いかもしれません。

MEMO

/	/	/	/	/
/	/	/	/	/

訪問の事前準備も怠らずに

歓迎の意を表す行為は、誰の損にもならない

あらかじめ訪問がわかっている時は、歓迎の用意をしておきたいものです。たとえば、プレートやボードに「ようこそ！〇〇様」と書き、玄関に飾る。園内見学者の方だったら、説明時間に一緒に来た子供も楽しめるような絵本やおもちゃなどを用意しておく。

あなたがしてもらってうれしいことは、お客さまもうれしく思うものなのです。

MEMO

第二章

笑顔について

「笑顔で元気でやさしい」……
これが一般の人たちが持つ保育者のイメージです。
笑顔のない人は元気に見えません。
笑顔のない人はやさしそうに見えません。
あるべき保育者の理想像は、
笑顔からつくられているのです。
「楽しい時しか笑わない」
「自分では笑っているつもり」というのでは、
プロ失格です。

「心からの笑顔」を増やす

前向きな気持ちが、「心からの笑顔」を生み出す

楽しさやくつろぎの気分を脳が感知し、顔の筋肉に指令を送ってできる自然な笑顔。この「心からの笑顔」は、誰の目にも美しく映ります。いつも前向きに、今を楽しむ気持ちを忘れずに、自分らしい笑顔を増やしていきましょう。

心に余裕がなくなると、「心からの笑顔」はつくれなくなります。時間的な余裕、精神的な余裕、人間関係の余裕。自分の生活すべてに余裕を保ちながら、子供たちの前に立ってください。

MEMO

/ / / / /
/ / / / /

「つくり笑顔」の重要性

意識して笑顔をつくることによって、ポジティブな気分になれる

つくり笑顔は、決して悪いものではありません。「楽しい→笑顔」という仕組みを逆に利用し、「笑顔→楽しい」と脳に思い込ませることができるからです。

笑顔は自分を元気にし、周りの人も活気付けます。もし仕事で壁にぶつかったり、トラブルで悩むことがあったら、自分で意識して口角（口の端）を少し上げ、笑顔をつくり出していきましょう。それだけで解決策が見えてくることもあります。

MEMO

求められる表情の切り替え

職場では、脳の切り替えよりも先に表情の変化が求められる

保育者同士で重要な話をしていたところに突然、子供が話しかけてくる。そんな時でも、すぐに笑顔を見せてあげられるのが、プロの保育者です。頭のなかや気持ちを切り替える前に、表情を変化させる。これも覚えておくべき技術の一つです。

とはいえ、時には笑顔を消すことも必要です。子供に「やってはいけないこと」を諭す時、「悲しいことや残念なこと」を伝える時、自分が真剣であることを見せるのも保育者の責務だからです。喜怒哀楽をきちんと表現することで、笑顔も引き立ちます。

MEMO

/	/	/	/	/
/	/	/	/	/

一日のスタートは笑顔づくりから

朝、自分の笑顔を鏡で確認し、一日のスタートを気持ちの良いものにする

朝、顔を洗った時に鏡に向かって笑顔をつくってみましょう。脳が目覚め、心身ともに気持ち良く一日をスタートさせることができます。園の玄関を開けた瞬間から、あなたは子供たちの先生です。明るくやさしい姿で、子供たちを迎え入れてあげてください。

MEMO

/ / / / /
/ / / / /

目が笑顔の雰囲気をさらに変える

心から笑っている時、どんな風に目が変化しているのかを知る

笑顔と一口にいっても、微笑みから満面の笑みまでじつに様々です。その差を生み出している要素として大きいのが目。あなたが心から笑っている時、目はどんな風に変化しているのでしょうか？　鏡で確認し、再現できるようにしましょう。

また、声のトーンも笑顔の一部です。人は楽しい時、普段より高い声が出るものですが、地声が高い人はやや下げ気味に、やや低い人は上げ気味にする、という意識は必要です。特に保護者と話す時は、高過ぎると幼く、低過ぎると無愛想に感じられることがあります。

MEMO

/	/	/	/	/
/	/	/	/	/

自分の笑顔を確認する方法

周りの表情を見れば、自分の笑顔がわかる

誰かと話をしている時、保育に夢中になっている時、あなたはどんな笑顔を見せているのでしょうか？

それを知りたければ、自分の周囲の表情をつぶさに観察してみることです。笑顔の近くに笑顔は集まってくるもの。不平不満も、また然りです。あなたから見える表情は、あなたの見せている顔の鏡です。もし周りに元気がなければ、自分から笑顔をつくり、さらに「どうすればみんなが笑顔になれるのか」を考えてみましょう。

MEMO

/	/	/	/	/
/	/	/	/	/

笑顔エクササイズ実践法

一日一回、美しい笑顔をつくる練習をする

笑顔をつくる表情筋も、体の筋肉と同様、使わないでおくと衰えてしまいます。
次のページの「笑顔エクササイズ」を参考にして、美しい笑顔をいつまでも保ちましょう。

MEMO

/	/	/	/	/
/	/	/	/	/

笑顔エクササイズ

Step.1

右のほおを
10秒間膨らませる。

Step.2

左のほおを
10秒間膨らませる。

Step.3

鼻と口の間に空気を溜め、
10秒間膨らませる。

Step.4

口の下に空気を溜め、
10秒間膨らませる。

Step.5

全体を思い切り
10秒間膨らませる。

Step.6

最後は、思い切り
10秒間すぼませる。

※このほか母音の「ア・イ・ウ・エ・オ」の5つを、
できる限りゆっくりと大きな動きで発声するのも

「ありがとう」が笑顔をつくる

感謝の言葉は、「笑顔の心」そのものである

試しに「ありがとう」をいつもより多めにいってみてください。笑顔が自然に出てくるのがわかるはずです。
感謝の気持ちがある限り、「ありがとう」が尽きることはありません。毎日たくさん口に出すようにしましょう。

MEMO

/	/	/	/	/
/	/	/	/	/

第二章

保育について

保育の世界に
「これで完璧」という言葉はありません。
自分自身を振り返ることを忘れず、
目の前の子供たちに
三六五日全力で向き合いましょう。

幼児期はすべての教育の土台

可能性を信じることから、子供たちの成長は始まる

幼児教育は、家づくりに例えるならば地面の下の基礎工事にあたります。外からは見えない部分ですが、基礎がしっかりしていないと高く大きな家は建てられません。子供たちのために、頑丈な土台を築いてあげてください。

先生が「この子は伸びる」と思いはじめると、実際に成績が上がるという実験結果があります。子供たちの可能性を疑わない。信じることから、子供たちの成長ははじまるのです。

MEMO

愛情表現としての「触れ合い」

スキンシップは子供たちとの、大切なコミュニケーション

子供たちは、スキンシップが愛情表現であるということをよく知っています。こちらから積極的に近付いていき、子供たちに安心感を与えてあげましょう。

ちなみに、ここでいうスキンシップとは、ただ「触る」という行為を指しているのではありません。視線や表情、会話などのコミュニケーションをすべて含めた「触れ合い」を意味しています。したがって、時にはゆっくりと段階を経る必要もあります。

九歳までに身に付けるべきもの

保育の基本となる「しつけの三原則」

しつけはよく「つのつく（数え方の）歳までに」といわれます。一《ひと》つ、二《ふた》つ、三《みっ》つ……と順番に数えていくと、最後は九《ここの》つ。つまり九歳が限界というわけです。

この一ケタの年齢のうちに身に付けるべき最たるしつけが、左ページの三つです。これらを「しつけの三原則」と呼びます。

MEMO

/	/	/	/	/
/	/	/	/	/

しつけの三原則

① **挨拶・返事ができる** **（素直な心を持つ）**	具体例 「自分から挨拶する」 「呼ばれたら 『ハイ』と返事をする」 など。
② **身の回りの** **整頓ができる** **（けじめをつける）**	具体例 「席を立ったらイスをしまう」 「脱いだクツを揃える」 など。
③ **良い姿勢で座れる** **（集中力を維持する）**	具体例 「話を黙って聞く」 「ソワソワしない」 など。

一人ずつ名前を呼ぶ

名前を呼ばれることで、子供たちは安心感を覚える

「おはよう」だけでなく、「〇〇ちゃん、おはよう」と名前も一緒に呼ぶ。それだけでお互いに親近感がわくものです。自分の受け持ちではない子供でも同じです。

一人ひとり違う存在なのですから、園の子供たちの名前は全員覚えるようにしましょう。

MEMO

/	/	/	/	/
/	/	/	/	/

ほめるところはいくらでもある

ほめるところを見付けられるかどうかは、保育者の実力にかかわってくる

人はほめられることで自信を持ち、成長します。何かに成功した時、がんばった時、良いことをした時はすぐにほめましょう。

ただし、ほめる部分がいつも同じでは意味がありません。それを避けるためには、ほめてあげたいと思うこと、成長したと思えることを感じ取る目を養うことです。それも保育者の実力のうちです。

物事をプラスに受け止められる保育者は、ほめるシーンをたくさん見付けてあげられます。

MEMO

子供の環境づくりに妥協しない

子供に理想の環境を用意できるのは、周囲にいる大人たちだけ

性格や能力が同じ子供は一人もいません。

一人のために、どれだけ「できる環境」を整えてあげられるのか。そのことを常に真剣に考え、行動に移していきましょう。

努力は必ず「子供たちの成長」という喜びとなって、あなたに返ってきます。

MEMO

/ / / / /

/ / / / /

子育ての最大の目的は「自立」

本人にできることは、どんどんやらせてあげる

子供にとって楽しいことは「できなかったことが、できるようになること」です。あきらめずに少しでも続けさせることで、子供たちはできるようになる楽しみを知り、次に挑戦する意欲を持つようになります。本人にできることは、どんどんと本人にやらせてみましょう。

保育者が子供たちに「できる喜びを与えてあげる」こと。その積み重ねが、やがて子供たちの「自立」につながっていきます。

MEMO

/ / / / /

/ / / / /

中途退職は絶対にしない

子供の見本なのだから、最後までやり通す

子供たちに「あきらめてはいけない」といっている先生が、自分で仕事を放り出してはいけません。最後までやりとおしましょう。
大好きな先生が辞めてしまうことは、子供たちにとって大変悲しいことです。

「中途退職は絶対にしない」
これは自分自身との約束です。もし挫けそうになったら、「自分はなぜ保育者になろうと思ったのか」を思い出してください。保育者というのは素晴らしい仕事です。最後までやりきれば、必ず感動が待っています。

MEMO

/ / / / /
/ / / / /

退職する時は一年以上前に相談する

園の採用計画は急に変えられない

幼稚園・保育園・こども園にとって、最大の財産は「人財」です。良い保育者を採用できるかどうかで、園の未来は変わります。

もし誰かが退職すれば、新たな人間を採用することになります。採用の計画は、退職がわかる時期が早ければ早いほど、スムーズに立てることができます。

退職する時は、一年以上前から相談するのが基準です。残る人のためにも、新たに入る人のためにも、余計な混乱が起きないように配慮しましょう。

MEMO

/ / / / /

/ / / / /

退職の決定後は今まで以上にがんばる

ノウハウの引き継ぎは辞めていく人間の義務

退職することが正式に決まったら、これまで以上の力を発揮しましょう。辞めていく人間が少しでも手を抜くと、周りのやる気まで奪ってしまうからです。

就業中に得たノウハウを後輩へ伝えるのも、いなくなる人間の義務です。あなたの仕事は辞めたらゼロになるわけではありません。残って働き続ける仲間たちへ引き継がれていくのです。「もしあの人が今も残っていたらな」と思われる、最高の仕事で最後を締めくくってください。

MEMO

退職後も歓迎される終わり方にする

いつでも訪問できるような関係性を維持しましょう

あなたがいる園は、あなたの夢を叶えてくれた職場です。子供たちとの楽しい時間を与えてくれた大切な場所です。いつでも訪問でき、みんなに歓迎されるような終わり方をしてください。かけがえのない場所へ、気兼ねなく足を運ぶことができる。喜んでもらえる人間関係が続いている。それは、とても幸せなことです。

MEMO

/ / / / /
/ / / / /

一五年後の子供たちのためになる〝今〟を考える

未来を想像するのは、大人たちの仕事

卒園した子供たちが社会に出るのは、今から約一五年後です。子供たちは夢を持つことはできますが、まだ未来を想像することができません。それをするのは、私たち大人の役目なのです。

子供たちの一五年後を考えて、〝今〟この瞬間に伝えておくべきことは何かを、常に考えて保育してください。

MEMO

/	/	/	/	/
/	/	/	/	/

保育目標・保育方針を書き込もう

自園の保育目標・保育方針などを書き込んでください。

上記をもとに、あなたが目指す
今年度の目標を書き込んでください。

●あなたが3年後、1年後に達成させたい夢・目標などを書き込んでください。

◆3年後の夢・目標

◆1年後の夢・目標

◆ 右記を達成させたい理由

◆達成させるために日々実践すべきこと

評判園の三つの共通点

全国どこに行っても、評判の良い園には必ず以下の三つの共通点があります。

（一）園長を中心に園が一つにまとまっている。
（二）職員全員が社会人として一流である。
（三）子供が活き活きとしている。

どれもシンプルですが、とても重要なことです。

正直なことをいうと、まだまだ園を回り足りていない頃（五〇〇カ所ぐらいでしょうか）までは、園舎の豪華さや園庭の広さ、遊具の大きさや数など、外見の部分に私も目を奪われがちでした。時には、制服の可愛らしさや個性的なバス、防犯システムの目新しさなどを見ただけで勝手に「素晴らしい園だ」と決めつけてしまったこともあります。

しかしある時、気付いたのです。保護者は園舎や園庭に我が子を預けるわけではない、と。当たり前のことですが、保護者は信頼できる保育者に大切な我が子を預けるのです。この事実に思い当たってから、私のなかで園を見る目が変わりました。
（一）の項目は、「園の目標」についての話です。最高責任者である園長がどのような方向性を示し、職員がそれにどう応えているか。全員が同じ目標を持ち、全力を尽くすというのが、何よりもまず大切なことなのです。
一方、（三）は結果についての話です。誰が見ても素晴らしい保育をしているのに、子供たちがまったく活き活きしていない。そんな園を私は知りませんし、実際に存在していないと思います。ちなみに私が「子供たちが活き活きしているかどうか」を見極めるポイントについても、お話ししておきましょう。これも三つあります。

「自分から挨拶できるか」

「脱いだクツを揃えられるか」

「良い姿勢で座れているか」

これらは順番に、子供の「素直な心」「けじめ」「集中力」を表しています（同様のことについて、一三五ページの「しつけの三原則」でも触れています）。すべて揃っている子供は、必ず活き活きとしています。

マナーは、一流の社会人をつくり上げる基礎

さて、もうおわかりかと思いますが、（一）で立てた園の目標などを（三）という結果につなげるために必要不可欠なものが（二）の「職員全員が社会人として一流である」ということです。いかに立派な目標や、目指すべき理想像を掲げても、それを実行すべき人がいなければ〝絵に描いたモチ〟に過ぎません。本書はこの（二）について特化し、その基本をまとめたものです。

以前、こんなことを目の前でいわれました。

「私は保育者です。保育に使わない社会人のマナーは、学んでも仕方ありません」

本当にそうでしょうか。マナーの源は、他者への思いやりです。子供たちに思いやりを教える立場の保育者が、マナーを身に付けていないのでは話になりません。

さらに、（二）の文章中、じつは最も重要なのが〝職員全員〟という部分です。これは保育者に限らず、バスの運転手さんも含め園で働く職員すべてという意味です。誰かはできるけど誰かはできないというのでは意味がないのです。

組織の評判というものは、レベルの一番高い人ではなく、一番低い人で決まってしまいます。ちょっと思い出してみてください。レストランやホテル、高級ブティックに行った時のことを。

そこでもし一人でも接客態度の悪い人がいたら、あなたはそのお店にどのような印象を持つでしょうか。きっと、その他のサービスがどんなに素晴らしいものでも、すべて台なしに感じてしまうはずです。

評判の良し悪しというのは、例えると樽の中に入ったワインのようなものです。

しっかりとした樽に入っていれば、時が経つほど熟成して上等なものになっていきますが、どこかに一枚、穴の空いた材料が使われているだけで、あっという間にその部分まで中身が減ってしまいます。

「たった一人くらい」

「私くらい」

「あの人くらい」

そんな気持ちが、みんなの努力を帳消しにしてしまうこともあるのです。

だから、私はすべての職員に本書を持っていてほしいのです。

多くの日本人は、世間から「先生」と呼ばれている人に対して、「こんなことも知らないのか」「非常識な人だ」などと面と向かって口にしません。ジッと黙ったまま、不信感だけを募らせます。

ましてや、みなさんが普段接しているのは、かわいい我が子を預けている保護者です。マナーの未熟さを指摘して保育者に嫌われるぐらいなら、知らないフリをして我が子を守ろうとするのが親心というものです。だからこそ、みなさんは自分自身の努力と、職場の仲間たちの協力によって、マナーを身に付けなければならないのです。

評判園の三つの共通点と、それを実現するために必要なマナーの存在。ぜひ覚えておいてください。

おわりに

『人生は出会いによって大きく変わる』

今、皆さんが務められている園は、皆さんが自ら希望し選んだ職場、園です。皆さんの夢を叶えて頂いた園です。その素晴らしい出会いを大切にして欲しいと願っています。とは言え仕事ですから、時には大変なことや辛いことも、あるかもしれません。それでも、自ら選んだ園なのです。その出会いを大切にして欲しいと心から思います。

壁にぶつかったり、悩んだりすることもあると思います。そんな時は、この本に書かれている基本に戻って頂けると、何か解決のヒントがあるかもしれません。

人生は、出会いによって大きく変わります。一つひとつの出会いを大切にしてください。園との出会いを大切にできるからこそ、子供たちとの出会いも素晴らしいものになります。園が大好きだからこそ、その園の方針を信じて行動することで、子供たちに最高の保育・教育ができるのです。

そんな思いを込めた本です。この本との出会いも大切にして頂ければ嬉しく思います。

『心と力をひとつに』

現在、日本では、少子化が加速しています。

令和四年の出生数は、八〇万を下回り、七七万と発表されています。また、令和五年の上半期では、三七万人と発表されています。このままでは、七四万人台になる可能性さえあります。

少子化の影響や、社会生活の変化により、全国の園で、園児募集が非常に厳しい状況になっています。

しかし、どんなに子供の数が減っても、幼児教育は、未来永劫無くなることはありません。

ただし、現実的には発展する園と、衰退する園の二極化が起きることは推測されます。

では、どうすれば良いのか。

それは、園長先生を中心に『心と力を一つにする』この一点です。

園長先生の方針を信じて、みんなで同じ方向を向き、心と力を一つに、日々前進していけば、必ず地域の方に支持されます。地域の方に支持される園は必ず発展すると信じています。

『自分たちの園は自分たちで更に良くする』

時代も大きく変わってきました。私は平成元年に社会に出ました。その時は、携帯電話も一部の人しかもっておらず、ワープロ、フロッピー・ディスクの時代でした。

その後、ポケットベル、そしてパソコン、大きな革命の一つ「ウインドウズ95」、携帯電話、インターネット、メール、ホームページ……。そして世の中が大きく変わったiPhoneの登場、更にSNS、様々な動画配信サービス、働き方改革、新型コロナウイルス、緊急事態宣言、テレワーク、オンライン会議、オンライン配信、これからの大変化が予測される、AI、チャットGPT……。

これらによって、世界中のあらゆることが変わりました。

ここまで変わると、組織やチーム、もちろん、園も一人の人間（園長先生）が全員を引っ張るという形だけではなく、全職員が「自分たちの園は（チームは）自分たちで更に良くする」という意識が必要になってきます。

もちろん、意識だけではなく、自らがリーダーシップを発揮し、園の発展、子供の成長を育んで欲しいと願っています。

これはあくまでも一つの例ですが、緊急事態宣言中、研修が実施できない期間が長く続きました。その時に私が提案したのが「オンライン研修」でした。しかし、園の中には、パソコンが苦手な先生もいます。そんな園では、デジタル・ネイティブ世代の先生を中心に通信環境を整えたり、カメラやマイクを準備してオンライン研修に対応した園もありました。

更に、「オンライン保育」を、若い世代の先生が企画・提案して実施。緊急事態宣言期間中の保育を見事に乗り越えたという園もありました。

大切なことは、常に園長先生一人が全てを決めて、全ての実行の中心になるのではなく、園長先生の方針の元、全職員が心と力を一つにし、「自分たちの園は自分たちで更に良くする」と意識し、行動することです。

それが、この少子化時代の発展する園の一つのモデルケースになると思っています。

『変化を受入れ対応していく』

この本は、基本中の基本を書かせて頂きました。その基本は無くなることはありませんが、常に変化をしていると思ってください。ダーウィンの進化論でも『最も強いものが生き残るのではない。最も変化に敏感なものが生き残る』と言っています。

基本を大切にし、しっかりと身につけながら
常に変化を受入れ、更に進化・成長をする
そんなお手伝いが、この書籍や研修等でできたらうれしく思います。
最後に、私が大切にしている言葉を送らせて頂きます。

『継続は力なり　継続は能力なり』


どんなことでも、続けていけば、必ず成長し成果が出ます。

その為にも、『継続する』という能力を育んで欲しいと願っています。

それは、子供たちにも同じことが言えます。

保育・教育は、まさに毎日の積み上げの結果です。

この本を、毎日一ページずつでも良いので『継続』して読んで頂き、常に基本を忘れずに、日々の業務たずさわってもらいたいと思っています。

二〇二三年　令和五年　霜月

The MannerS Book
教えて！ 保育者に求められる100の常識［第四版］

二〇二三年 一二月一五日 初版発行

著　者　八田哲夫（幼児活動研究会／日本経営教育研究所）
編　集　津久井幹久
発行者　中野好雄
発行所　有限会社中野商店
〒一六七-〇〇五一
東京都杉並区荻窪一-一九-一三
電話〇三（三二二〇）三〇三一

イラスト　村野千草
DTP　有限会社中野商店
印刷・製本　株式会社加藤文明社

ISBN978-4-909622-06-8